AF341897

LISTE
CHRONOLOGIQUE
ET ALPHABETIQUE
DES
LIBRAIRES
ET
IMPRIMEURS
DE PARIS.

MDCC XXIII.

OFFICIERS
EN CHARGE, 1722.

M. BALLARD, *SYNDIC.*

M. BRUNET,
M. EMERY-Fils,
M. BARBOU,
M. SIMART. } *ADJOINTS.*

ANCIENS SYNDICS.

	Année d'*Adjoint.*	An. de *Syndic.*
M. EMERY Père,	1701.	1703.
M. SEVESTRE,	1701.	1707.
M. L. JOSSE,	1702.	1711.
M. ROBUSTEL,	1705.	1713.

ANCIENS ADJOINTS.

M. COIGNARD,	1701.	M. JACQUES JOSSE,	1710.
M. LE MERCIER,	1703.	M. DELESPINE,	1712.
M. LANGLOIS,	1707.	M. OSMONT,	1713.
M. CHARPENTIER,	1708.	M. MARIETTE,	1713.
M. REBUFFE',	1708.	M. COLLOMBAT,	1714.
M. CAVELIER,	1709.	M. MARTIN,	1715.
M. THIBOUST,	1709.	M. D'HOURY,	1716.
M. VILLETTE,	1710.	M. NYON,	1716.

ORDRE CHRONOLOGIQUE.

MESSIEURS

1663. CHARLES SAUGRAIN, *Doyen.*
1678. LAURENT D'HOURY, Pere, reçû Imprimeur en 1712. ancien Adjoint, ruë de la Harpe.

1683. PIERRE EMERY, Pere, ancien Syndic, ruë de Savoye.

GUILLAUME CAVELIER, Pere, ancien Adjoint, au Palais.

HENRY CHARPENTIER, ancien Adjoint, au Palais.

LOUIS SEVESTRE, Pere, Imprimeur, ancien Syndic, ruë des Amandiers.

1686. LOUIS JOSSE, Pere, ancien Syndic, ruë S. Jacques.

JEAN VILLETTE, Pere, ancien Adjoint, ruë Saint Jacques.

ANTOINE DU BOURG, Pere, ruë Saint André des Arcs.

NICOLAS CAILLOU, Quay de Conty.

CHARLES CAILLOU, reçû Imprimeur en 1714. ruë de la Huchette.

1687. PIERRE-AUGUSTIN LE MERCIER, Pere, reçû Imprimeur en 1694. ancien Adjoint, ruë Saint Jacques.

DANIEL JOLLET, reçû Imprimeur en 1700. au bas du Pont Saint Michel.

NICOLAS LE CLERC, Pere, ruë S. Jacques.

JEAN-BAPTISTE COIGNARD, Pere, reçû Imprimeur en 1690. ancien Adjoint, Consul en Charge, ruë Saint Jacques.

EDME COUTEROT.

LOUIS

MESSIEURS

1687.	LOUIS PILORGET, Quay des Auguſtins.
	SIMON LANGLOIS, reçû Imprimeur en 1694. ancien Adjoint, ruë Saint Eſtienne d'Egrès.
	LOUIS-DENYS DE LA TOUR, ruë de la Harpe.
1688.	LOUIS POIRION, ruë Galande.
	CHARLES OSMONT, Pere, ancien Adjoint, ruë Saint Jacques.
	CLAUDE CELLIER.
	CLAUDE BAUCHE, Pere, Quay des Auguſtins.
1689.	CHARLES ROBUSTEL, ancien Syndic, ruë Saint Jacques.
	MAURICE REBUFFE', Imprimeur, ancien Adjoint, ruë Dauphine.
	JEAN MUSIER, Pere, ruë du Hurpois.
1690.	HUBERT-FRANÇOIS MUGUET, reçû Imprimeur en 1691. ruë-neuve Nôtre-Dame.
	MICHEL HERISSANT.
1691.	PIERRE DEBATS, ruë du Petit-Pont.
	SIMON BENARD.
1692.	MICHEL BRUNET, Pere, Adjoint en Charge, au Palais.
1693.	DENYS MARIETTE, ancien Adjoint, ruë Saint Jacques.
	CHARLES MOETTE, ruë de la Bou-clerie.
	JEAN-LOUIS DE LA VILLE, Quay des Auguſtins.
	PIERRE MIQUELIN, Place de Sorbonne.
1694.	NICOLAS PEPIE, ruë Saint Jacques.
	JEAN-BAPTISTE-CHRISTOPHE BALLARD, Imprimeur, Syndic en Charge, élû Adjoint en 1706. & Conſul en 1718. ruë Saint Jean de Beauvais.
	CLAUDE-LOUIS THIBOUST, Imprimeur, ancien Adjoint, Place de Cambray.

MESSIEURS

1694. Imbert Debats, reçû Imprimeur en 1704. ruë de la Bouclerie.

Laurent Seneuze, ruë des Cordeliers.

Michel Clousier, Quay de Conty.

Jean-Geofroy Nyon, ancien Adjoint, Quay de Conty.

Denys Petit, Quay de Conty.

1695. Estienne Ganeau, ruë Saint Jacques.

Jacques Collombat, reçû Imprimeur en 1710. ancien Adjoint, ruë Saint Jacques.

Barthelemy Girin.

1696. Esprit Billiot, ruë de la Harpe.

Gregoire du Puis, ruë Saint Jacques.

Thomas-Nicolas Mazuel, au Palais.

Charles du Breuil, Quay de la Tournelle.

1697. Antoine Gandouin, Quay des Augustins.

Jacques Josse, Pere, Imprimeur, ancien Adjoint, ruë Saint Jacques.

Pierre Gandouin, Pere, Quay des Augustins.

Medard-Michel Brunet, au Palais.

Charles Herissant.

1698. Augustin Brunet.

Jean-Luc Nyon, Pere, Quay de Conty.

Nicolas Gosselin, au Palais.

Guillaume-Amable Valleyre, Pere, reçû Imptimeur en 1710. ruë Saint-Severin.

1699. Damien Beugnie', au Palais.

Pierre-François Emery, Fils, reçû Imprimeur en 1704. Adjoint en Charge, Quay des Augustins.

Alexis de la Roche, Quay des Augustins.

Theodore le Gras, au Palais.

Gilles Lamesle, Pere, reçû Imprimeur en 1705. ruë du Foin.

MESSIEURS

1699.	JACQUES ESTIENNE, ruë Saint Jacques.
1700.	ANTOINE DAMONNEVILLE, Quay des Auguftins.

GABRIEL MARTIN, Pere, ancien Adjoint, ruë Saint Jacques.

JACQUES ROLLIN, Pere, ruë du Hurpois.

THEODORE LE GRAS, au Palais.

JEAN LESCLAPART, Pere, ruë du Hurpois.

PIERRE WITTE, ruë Saint Jacques.

JEAN-BAPTISTE DELESPINE, reçû Imprimeur en 1702. ancien Adjoint, ruë Saint Jacques.

ANTOINE-PIERRE LESCLAPART, Parvis Nôtre-Dame.

CLAUDE PRUDHOMME, au Palais.

LOUIS COIGNARD, reçû Imprimeur en 1702. ruë du Plâtre.

MICHEL-ESTIENNE DAVID, Quay des Auguftins.

JEAN-BAPTISTE-CLAUDE BAUCHE, Fils, Quay des Auguftins.

ROBERT SENEUZE, Quay des Auguftins.

RENE' PRALARD.

CLAUDE-MARIN SAUGRAIN, Quay des Auguftins.

CLAUDE JOMBERT, ruë Saint Jacques.

1701.	JERÔME TRABOÜILLET, au Palais,

NICOLAS TRUDON, Quay des Auguftins.

JEAN-BABTISTE LOYSON.

JEAN DEHORS.

JEAN PEPINGUE', Quay des Auguftins.

ANTOINE LE FEVRE.

PIERRE FILLEAU, ruë de la Bucherie.

1702.	GUILLAUME CAVELIER, Fils, ruë Saint Jacques.

MESSIEURS

1702.	JACQUES QUILLAU, Pere, Imprimeur, ruë Galande.
	DANIEL HORTHEMELS, ruë S. Jacques.
	JEAN MARIETTE, Pere, ruë Saint Jacques.
	JEAN-BAPTISTE BROCAS, ruë S. Jacques.
	FRANÇOIS FEVRIER, au Palais.
1703.	CLAUDE ROBUSTEL, ruë Saint Jacques.
	FRANÇOIS LE BRETON, Pere, Quay de Conty.
	GUILLAUME DE BURE, Quay des Auguftins.
	CHARLES LE CLERC, ruë du Hurpois.
1704.	JEAN BARBOU, Adjoint en Charge, ruë Saint Jacques.
	GERARD-FRANÇOIS JOLLAIN, Quay de la Tournelle.
	LOUIS-ANNE SEVESTRE, Fils, Imprimeur, Pont Saint Michel.
	JACQUES VINCENT, Imprimeur, ruë Saint Severin.
	JULIEN-MICHEL GANDOUIN, Quay de Conty.
	NICOLAS DE BURE, Pere, Quay des Auguftins.
	JEAN PIQUET.
1705.	NICOLAS-FRANÇOIS LE BRETON, Fils, ruë du Hurpois.
	FRANÇOIS RIVIERE, Pere.
	JEAN-FRANÇOIS KNAPEN, Pere, Imprimeur, ruë de la Huchette.
	JEAN-RAOUL MOREL, au Palais.
1706.	JACQUES EDOUARD, Parvis Nôtre-Dame.
	MICHEL JOMBERT, Quay de la Tournelle.
	JEAN DE MAUDOUY, Quay de la Tournelle.
	NICOLAS SIMART, Adjoint en Charge, ruë Saint Jacques.

PIERRE

MESSIEURS

1706.   PIERRE-AUGUSTIN PAULUS-DU-MESNIL, Imprimeur, ruë Saint Severin.
JEAN BERTHAULT, ruë Saint Jacques.
GUILLAUME DESPREZ, reçû Imprimeur en 1708. ruë Saint Jacques.
LOUIS-FRANÇOIS LE FEVRE.
JEAN BOUDOT, ruë Saint Jacques.

1707.   SIMON CREVIER, Quay des Auguftins.
CHARLES HUGUIER, ruë Saint Jacques.
JEAN DESESSARTZ, ruë Saint Jacques.
LAURENT RONDET, Imprimeur, ruë Saint Jacques.
GUILLAUME-NICOLAS AUBERT, ruë Saint Eftienne d'Egrès.

1708.   FRANÇOIS FOURNIER, ruë Saint Jacques.
FRANÇOIS GRANGE' ruë-neuve Nôtre-Dame.
LAURENT LE CONTE, Quay des Auguftins.
FRANÇOIS MONTALANT, ruë du Hurpois.
ANDRE' CAILLEAU, Place de Sorbonne.

1709.   ANTOINE DES HAYES, ruë Saint Jacques.
ANTOINE DE BILLY, ruë du Hurpois.
JOSEPH SAUGRAIN, Quay de Gêvres.
MATHIEU DE LAUNAY, ruë Saint Jacques.

1710.   FRANÇOIS FETIL, au Palais.
GUILLAUME SAUGRAIN, au Palais.
FRANÇOIS-DENYS BELLEY, ruë Dauphine.
JEAN-HENRY DE COURBES.
JACQUES-FRANÇOIS GROU, reçû Imprimeur en 1714. ruë de la Huchette.
JEAN-ANTOINE ROBINOT, ruë du Hurpois.
JACQUES RIBOU, l'aifné, au Palais.
CHARLES HOCHEREAU, ruë du Hurpois.
NICOLAS TAUTIN, ruë Judas.

1711.   DENYS MOUCHET, au Palais.

C

MESSIEURS

1711. FRANÇOIS CUISSART, ruë-neuve Nôtre-Dame.

JEAN-CHRISTOPHE REMY, ruë Dauphine.

JEAN-FRANÇOIS GRANGE', au Palais.

CLAUDE DU BOURG, Fils, Quay des Augustins.

PIERRE MORISSET, ruë Saint Jacques.

PIERRE HUET, au Palais.

PIERRE PRAULT, reçû Imprimeur en 1723. Quay de Gêvres.

FRANÇOIS BAROIS, ruë de la Harpe.

FRANÇOIS BOULAY,

1712. FRANÇOIS BABUTY, ruë Saint Jacques.

ANTOINE-URBAIN COUSTELIER, reçû Imprimeur en 1720. ruë du Hurpois.

GABRIEL-JOSEPH JANOT, ruë du Plâtre.

NOEL PISSOT, Quay des Augustins.

JEAN-BAPTISTE MAZUEL, au Palais.

JACQUES CHARDON, Imprimeur, ruë du Petit-Pont.

1713. JEAN BAPTISTE LAMESLE, Fils, reçû Imprimeur en 1717. ruë des Noyers.

GABRIEL VALLEYRE, Fils, au Palais.

CHRISTOPHE DAVID, ruë Saint Jacques.

JEAN-BAPTISTE COIGNARD, Fils, Imprimeur, ruë Saint Jacques.

JACQUES-HENRY PRALARD, ruë Saint Jacques.

FRANÇOIS DIDOT, ruë du Hurpois.

1714. JEAN LAMESLE, Fils, Pont Saint Michel.

PIERRE-JEAN MARIETTE, Fils, reçû Imprimeur en 1722. ruë Saint Jacques.

EDME GABRIEL COTTIN, ruë des Sept-Voyes, près le Puits Certain.

MESSIEURS

1714.	GUILLAUME-PHILIPPE COTTIN, ruë des Sept-Voyes, près le Puits Certain.
	CLAUDE-JEAN-BAPTISTE HERISSANT, ruë-neuve Nôtre-Dame.
	PIERRE-FRANÇOIS GIFFART, ruë Saint Jacques.
1715.	FRANÇOIS JOUENNE, ruë Saint Jacques.
	FRANÇOIS RIVIERE, Fils.
	JEAN-FRANÇOIS MOREAU, ruë S. Jacques.
	PIERRE LORMEL, ruë du Foin.
	JACQUES BELLEY.
	JACQUES-PHILLIPPE-CHARLES OSMONT, Fils, reçû Imprimeur en 1722. ruë Saint Jacques.
	LAURENT MAZUEL, reçû Imprimeur en 1716. ruë de la Bouclerie.
	CLAUDE DE HANSY, fous l'Orloge du Palais.
1716.	PIERRE MAILLET, Quay des Auguftins.
	JEAN HOURDEL, Quay des Auguftins.
	FRANÇOIS GIRAULT, Imprimeur, ruë des Anglois.
	BARTHELEMY LAISNEL, Imprimeur, ruë de la Parcheminerie.
	PIERRE-ALEX. MARTIN, Quay des Auguftins.
	NICOLAS-FRANÇOIS DE BURE.
1717.	JOSEPH BARBOU, ruë Saint Jacques.
	PIERRE-MICHEL HUART, ruë S. Jacques.
	PHILIPPE-NICOLAS LOTTIN, ruë Saint Jacques.
	PIERRE-JACQUES BIENVENU, au Palais.
	CHARLES-MAURICE D'HOURY, Fils, ruë de la Harpe.
	FRANÇOIS-ESTIENNE ROBINOT.
	LOUIS-JACQUES DE L'HOSTELFORT, ruë Saint Jacques.

MESSIEURS

1717. Jacques-Philippe Patry, Quay de la Tournelle.

Robert-Marc d'Espilly, Place de Sorbonne.

1718. Antoine-Sylvestre Sevestre, Fils, ruë des Amandiers.

Jean Sevestre, Fils, ruë des Amandiers.

Hippolyte-Louis Guerin, ruë Saint Jacques.

Pierre-Gilles le Mercier, Fils, ruë Saint Jacques.

Jean-François Herissant, ruë-neuve Nôtre-Dame.

Martin-Georges Jouvenel, reçû Imprimeur en 1723. à l'Hôtel de Bretonvilliers.

Louis-Eustache de Sanlecque, ruë Saint Eſtienne d'Egrès.

Denys Horthemels, Place de Sorbonne.

Jean-Pierre Auclou, ruë Judas.

Jean-Louis Genneau, ruë Saint Jacques.

1719. Jean Jombert, ruë de Richelieu-Sorbonne.

Jean-François Josse, Fils de Louis, ruë Saint Jacques.

Pierre Lesclapart, Fils, ruë du Hurpois.

Claude Dubois, ruë Saint Jacques.

Charles Rouan, Quay des Auguſtins.

1720. Pierre Armand, ruë Saint Jacques.

Jean Villette, Fils.

Geoffroy-Pierre Gandouin, Fils, Quay des Auguſtins.

Jacques Rollin, Fils, ruë du Hurpois.

Jean-Baptiste Sanson, Quay des Auguſtins.

Gabriel

MESSIEURS

1720. GABRIEL AMAULRY, ruë de Richelieu-Sorbonne.

JACQUES RIBOU, le jeune, Quay des Auguſtins.

GABRIEL-FRANÇOIS QUILLAU, Fils, ruë Galande.

HENRY-SIMON-PIERRE GISSEY, Pont Saint Michel.

JEAN-BAPTISTE GONICHON, Pont Saint Michel.

CHARLES HUART, ruë Saint Jacques.

GUILLAUME-DENIS DAVID, Quay des Auguſtins.

1721. PIERRE SIMON, Imprimeur, ruë de la Harpe.

JEAN-FRANÇOIS MUSIER, Fils, ruë du Hurpois.

NICOLAS PREVOST, Quay de Conty.

FRANÇOIS MARCHENOIR, Quay des Auguſtins.

JEAN-ANDRE' MORIN, au Palais.

FRANÇOIS MATHEY, ruë Saint Jacques.

SEBASTIEN RAVENEL, Quay des Auguſtins.

JEAN DE BURE, Fils, Quay des Auguſtins.

DOMINIQUE-LOUIS VATEL, Quay des Auguſtins.

1722. JEAN-BAPTISTE OSMONT, Fils, ruë Saint Jacques.

JEAN-LUC NYON, Fils, Quay de Conty.

JACQUES GUERIN, Quay des Auguſtins.

LOUIS-ABRAHAM OSMONT, Fils, ruë Saint Jacques.

PIERRE-FRANÇOIS COIGNARD, Fils.

RENE' JOSSE, Fils de JACQUES, ruë Saint Jacques.

MESSIEURS

1722. | NICOLAS-JACQUES LE CLERC, Fils, ruë Saint Jacques.

PIERRE-MICHEL BRUNET, Fils, au Palais,

CLAUDE MARTIN, Fils, ruë Saint Jacques.

1723. | CLAUDE LABOTTIERE, ruë Saint Jacques.

JEAN-BAPTISTE GARNIER, ruë Saint Jacques.

LOUIS-LAURENT ANISSON, à l'Imprimerie Royale, Galleries du Louvre.

FRANÇOIS FLAHAULT, Quay des Augustins.

ANDRE' KNAPEN, Fils, Imprimeur, ruë Saint André des Arcs.

VEUVES

1651.	Euve de GUILLAUME DESPREZ, Imprimeur, ruë Saint Jacques.
1652.	de DENYS THIERRY, Imprimeur, ancien Syndic, ruë de la Harpe.
1653.	de NICOLAS MICHELIN, Quay des Auguſtins.
1655.	de LAURENT RONDET, Imprimeur, ancien Adjoint, ruë Saint Jacques.
1656.	de NICOLAS LE GRAS, ruë de la Calandre.
1658.	de GUILLAUME ADAM, Imprimeur, Pont Saint Michel.
	de NICOLAS MAZUEL, Imprimeur, ancien Adjoint, ruë de la Bouclerie.
1659.	de PIERRE CHASTELAIN, Quay des Auguſtins.
	de THOMAS MOETTE, ruë de la Bouclerie.
1660.	d'ELIE JOSSET, ancien Adjoint, ruë de la Parcheminerie.
1663.	de PHILIPPE COTTIN, ruë des Sept-Voyes, près le Puits-Certain.
	de LOUIS VAUGON, Imprimeur, ruë de la Huchette.
1664.	d'ANTOINE LAMBIN, Imprimeur, ruë Saint Jacques.
1665.	de JEAN DE LA CAILLE, ancien Adjoint, ruë Saint Jacques.
	de JACQUES DE COURBES, ruë du Hurpois.
1666.	de DANIEL DE LA VILLE, ruë Saint Julien-le-Pauvre.
1679.	d'ANTOINE DEZALLIER, ruë Saint Jacques.
1683.	de LOUIS GUERIN, ancien Syndic, ruë Saint Jacques.
	de JEAN-FRANÇOIS DUBOIS, ruë Saint Jacques.
	de JERÔME BOBIN, ruë de la Barrillerie.

V E U V E S

1683.	Veuve de J E A N B O U D O T , ancien Adjoint , ruë Saint Jacques.
	de G A B R I E L H U A R T , au College de Rheims.
	de P I E R R E D E L A U N A Y , ancien Syndic , ruë Saint Jacques.
	de G U I L L A U M E S A U G R A I N , Quay de Gêvres.
	de U R B A I N C O U S T E L I E R , ancien Adjoint.
	de J U L I E N G A N D O U I N , Quay des Auguſtins.
	de P I E R R E D E L A U L N E , Imprimeur , ruë Galande.
	de S E R A P H I N L A I S N E', Quay des Auguſtins.
	de C L A U D E M A Z U E L , Imprimeur.
1686.	de F L O R E N T I N D E L A U L N E , Imprimeur, ancien Syndic, ruë Saint Jacques.
	de H I L A I R E F O U C A U L T , ancien Adjoint, ruë Saint Jacques.
	de M I C H E L D A V I D , ancien Adjoint , Quay des Auguſtins.
	de J E A N J O M B E R T.
	de J A C Q U E S L E F E V R E , Imprimeur , ancien Adjoint , ruë Saint Severin.
	de D A N I E L H O R T H E M E L S , ruë Saint Jacques.
	de C L A U D E P R I G N A R D , Imprimeur, ancien Adjoint , ruë de la Parcheminerie.
1687.	de J E R E M I E B O U I L L E R O T , Imprimeur, Pont Saint Michel.
	de G I L L E S P A U L U S-D U-M E S N I L , Imprimeur , ancien Adjoint , ruë Frementelle.
	de C H R I S T O P H E D A V I D , Quay des Auguſtins.
	de L O U I S R O U L A N D , ruë Saint Jacques.
	de N I C O L A S B E L L E Y , ruë Saint Jacques.

Veuves

VEUVES

1688.	Veuve d'ANTOINE CHRE'TIEN, ruë Char-tiere.
	de ANDRE' PEPINGUE'.
	de JEAN DE SANLECQUE, ruë Saint Estienne d'Egrès.
1689.	d'HENRY SOUBRET.
	de CLAUDE DE HANSY, Pont-au-Change.
	de CLAUDE GASSE.
1690.	de JACQUES-THOMAS CHARPENTIER, au Palais.
1691.	de FRANÇOIS PRALARD,
1692.	de PIERRE-JACQUES BIENFAIT, Quay des Augustins.
1694.	de GEORGES JOUVENEL, Imprimeur, à l'Hôtel de Bretonvilliers.
	de MICHEL CLOUSIER, Quay de Conty.
1695.	d'ESTIENNE ROBINOT, Quay des Augustins.
	de DENYS CHENAULT, Imprimeur, ruë Saint Jacques.
1696.	de JACQUES GROU, Imprimeur, ruë de la Bouclerie.
1697.	de PHILIPPE HUBERSON.
	de PIERRE RIBOU, Quay des Augustins.
	de SILVAIN BRUNET.
1698.	de JEAN MOREAU, Imprimeur, ruë Saint Jacques.
1699.	de GILLES LAMESLE, Imprimeur, ruë du Foin.
1700.	de JEAN GUILLETAT.
1701.	de CLAUDE LE TILLEUR, ruë des Amandiers.
1702.	de RAYMOND MAZIERES, ruë Saint Jacques.
1703.	de JEAN FOURNIL, ruë des Cordeliers.
1705.	de CHARLES GUILLAUME, Quay des Augustins.

E

VEUVES

1706. | Veuve de JEAN COT, ruë du Foin.
de PIERRE MERGE', Imprimeur, ruë Saint Jacques.

1708. | de ROBERT DU CASTIN, près l'Archevêché.
de BARTHELEMY LE ROY.

1711. | d'ESTIENNE PAPILLON, Quay des Augustins.
de JACQUES PIGET, Quay des Augustins.
de SEBASTIEN CHARDON, ruë Saint Jacques.

1718. | de JEAN MICHEL GARNIER, Imprimeur, ruë Galande.

1720. | de DANIEL LE NOBLE, ruë du Hurpois.

ORDRE ALPHABETIQUE.

MESSIEURS

A

M A U L R Y, Gabriel.   1720
Anisson , Laurent.   1723
Armand , Pierre.   1719
Aubert , Guillaume-Nicolas.   1707
Auclou , Jean-Pierre.   1718

B

Babuty , François.   1712
Ballard , Jean-Baptiste-Christophe.   1694
Barbou , Jean.   1704
Barbou , Joseph.   1717
Barois , François.   1711
Bauche Pere , Claude.   1688
Bauche Fils , Jean-Baptiste-Claude.   1700
Belley , François-Denis.   1710
Belley , Jacques.   1715
Benard , Simon.   1691
Berthault , Jean.   1706
Beugnié , Damien.   1699
Bienvenu , Pierre-Jacques.   1717
Billiot , Esprit.   1696
Boudot , Jean.   1706
Boulay , François.   1711
Brocas , Jean-Baptiste.   1702

Brunet , Augustin.   1698
Brunet , Medard-Michel.   1697
Brunet Pere , Michel.   1692
Brunet Fils , Pierre-Michel.   1722

C

Cailleau , André.   1708
Caillou , Charles.   1686
Caillou , Nicolas.   1686
Cavelier Pere , Guillaume.   1683
Cavelier Fils , Guillaume.   1702
Cellier , Claude.   1688
Chardon , Jacques.   1712
Charpentier , Henry.   1683
Coignard Pere , Jean-Baptiste.   1687
Coignard Fils , Jean-Baptiste.   1713
Coignard Fils , Pierre-François.   1722
Coignard , Louis.   1700
Collombat , Jacques.   1695
Cottin , Edme-Gabriel.   1714
Cottin , Guillaume-Philippe.   1714
Coustelier , Antoine-Urbain.   1711
Couterot , Edme.   1687

MESSIEURS

Crevier , Simon. 1707
Cuiſſart , François. 1711

D

Damonneville, Antoine. 1700
David, Chriſtophe. 1713
David, Michel-Eſtienne. 1700
David, Guillaume-Denis 1720
Débats , Pierre. 1691
Debats , Imbert. 1694
De Billy, Antoine. 1709
De Bure Pere, Guillaume. 1703
De Bure Fils , Jean. 1721
De Bure , Nicolas-Fran. 1716
De Courbes, Jean-Henry. 1710
De Hanſy , Claude. 1715
Dehors , Jean. 1701
De la Roche, Alexis. 1699
De la Tour, Louis-Denis. 1687
De la Ville , Jean-Louis. 1693
De Launay , Matthieu. 1709
Deleſpine, Jean-Baptiſte. 1700
De l'Hoſtelfort, Louis-
  Jacques. 1717
De Lormel , Pierre. 1715
De Maudoüy , Jean. 1706
De Sanlecque , Louis-
  Euſtache. 1718
Deſeſſartz , Jean. 1707
Des Hayes , Antonin. 1709
D'Eſpilly, Robert-Marc. 1717
Deſprez , Guillaume. 1706
D'Houry Pere, Laurent. 1678
D'Houry Fils , Charles-
  Maurice. 1717

Didot , François. 1713
Dubois , Claude. 1719
Du Bourg Pere, Antoine. 1686
Du Bourg Fils , Claude. 1711
Du Breüil , Charles. 1696
Du Meſnil-Paulus,
  Pierre-Auguſtin. 1706
Du Puis , Gregoire. 1696

E

Edoüard , Jacques. 1706
Emery Pere , Pierre. 1683
Emery Fils , Pierre-Fran-
  çois. 1699
Eſtienne , Jacques. 1699

F

Fetil , François. 1710
Fevrier , François. 1702
Filleau , Pierre. 1701
Flahault , François. 1723
Fournier , François. 1708

G

Gandoüin , Antoine. 1697
Gandoüin , Julien-Mi-
  chel 1704
Gandoüin Pere , Pierre. 1697
Gandoüin, Fils , Geoffroy-
  Pierre. 1720
Ganeau , Eſtienne. 1695
Garnier , Jean-Baptiſte. 1723
Genneau , Jean-Louis. 1718
Gibault , François. 1716
Giffart , Pierre-François. 1714
Girin,

MESSIEURS

Girin , Barthelemy. 1695
Giffey , Henry-Simon-Pierre. 1720
Gonichon, Jean-Baptifte 1720
Goffelin , Nicolas. 1698
Grangé , François. 1708
Grangé , Jean-François. 1711
Grou , Jacques-François. 1710
Guerin, Hippolyte-Louis. 1718
Guerin , Jacques. 1722

H

Heriffant , Charles. 1697
Heriffant, Jean-François. 1718
Heriffant , Michel. 1690
Heriffant, Claude-Jean-Baptifte. 1714
Hochereau , Charles. 1710
Horthemels , Daniel. 1702
Horthemels , Denis. 1718
Hourdel , Jean. 1716
Huart , Pierre-Michel. 1717
Huart , Charles. 1720
Huet , Pierre. 1711
Huguier , Charles. 1707

I

Janot , Gabriel-Jofeph. 1712
Jollain, Gerard-François. 1704
Jombert , Claude. 1700
Jombert , Jean. 1719
Jombert , Michel. 1706
Joffe Pere , Jacques. 1697
Joffe Fils , René. 1722
Joffe Pere , Louis. 1686

Joffe Fils de Louis , Jean-François. 1719
Joüanne , François. 1715
Jouvenel , Martin-Georges. 1718

K

Knapen Pere , Jean-François. 1705
Knapen Fils , André. 1723

L

La Bottiere , Claude. 1723
Laifnel , Barthelemy. 1716
Lamefle , Jean-Baptifte. 1713
Lamefle , Jean. 1714
Langlois , Simon. 1687
Le Breton Pere , François. 1703
Le Breton Fils , Nicolas-François. 1705
Le Clerc , Charles. 1703
Le Clerc Pere , Nicolas. 1687
Le Clerc Fils , Nicolas-Jacques. 1722
Le Conte , Laurent. 1708
Le Fevre , Antoine. 1701
Le Fevre , Louis-François. 1706
Le Gras , de Nicolas, Theodore. 1699
Le Gras , Theodore. 1700
Le Mercier Pere, Pierre-Auguftin. 1687
Le Mercier Fils , Pierre-Gilles. 1718
Lefclapart , Antoine-Pierre. 1700

MESSIEURS

Lesclapart Pere , Jean. 1700
Lesclapart Fils , Pierre. 1719
Lottin, Philippe-Nicolas. 1717
Loyson , Jean-Baptiste. 1701

M

Maillet , Pierre. 1716
Marchenoir , François. 1721
Mariette , Denis. 1693
Mariette Pere , Jean. 1702
Mariette Fils, Pierre-Jean. 1714
Martin Pere , Gabriel. 1700
Martin Fils , Claude. 1722
Martin , Pierre-Alex. 1716
Mathey , François. 1721
Mazuel, Thomas-Nic. 1696
Mazuel , Jean-Baptiste. 1712
Mazuel , Laurent. 1715
Miquelin , Pierre. 1693
Moette, Charles. 1693
Montalant , François. 1708
Moreau , Jean-François. 1715
Morel, Jean-Raoul. 1705
Morin , Jean-André. 1721
Morisset , Pierre. 1711
Mouchet , Denis. 1711
Muguet, Hubert-Fran. 1690
Musier Pere , Jean. 1689
Musier Fils , Jean-Fran. 1721

N

Nyon , Jean-Geoffroy. 1694
Nyon Pere , Jean-Luc. 1698
Nyon Fils , Jean-Luc. 1722

O

Osmont Pere , Charles. 1688

Osmont Fils , Jacques-
  Philippe-Charles. 1715
Osmont Fils , J.-Baptiste. 1720
Osmont Fils, Louis-Abra. 1722

P

Patry , Jacques-Philippe. 1717
Pepie Nicolas. 1694
Pepingué , Jean. 1701
Petit , Denis. 1694
Pilorget , Louis. 1687
Piquet , Jean. 1704
Pissot , Noël. 1712
Poirion , Louis. 1688
Pralard , Jacques-Henry. 1713
Pralard , René. 1700
Prault , Pierre. 1711
Prevost , Nicolas. 1721
Prudhomme , Claude. 1700

Q

Quillau Pere , Jacques. 1702
Quillau Fils, Gabriel-Frã. 1720

R

Ravenel , Claude-Seb. 1711
Rebuffé , Maurice. 1689
Remy , Jean-Christophe. 1711
Ribou l'aisné , Jacques. 1710
Ribou le jeune, Jacques. 1720
Riviere Pere , François. 1705
Riviere Fils , François. 1715
Robinot, François-Estien. 1717
Robinot , Jean-Antoine. 1710
Robustel , Charles. 1689
Robustel , Claude. 1703
Rollin Pere , Jacques. 1700
Rollin Fils , Jacques. 1720

MESSIEURS

Rondet, Laurent. 1707
Roüan, Charles. 1719

S

Sanson, Jean-Baptiste. 1720
Saugrain, Charles. 1663
Saugrain, Claude-Marin. 1700
Saugrain, Guillaume. 1710
Saugrain, Joseph. 1709
Seneuze, Laurent. 1694
Seneuze, Robert. 1700
Seveftre Pere, Louis. 1683
Seveftre Fils, Ant.-Sylv. 1718
Seveftre Fils, Jean. 1718
Seveftre Fils, Louis-Anne. 1704
Simart, Nicolas. 1706

Simon, Pierre. 1721

T

Tautin, Nicolas. 1710
Thibouft, Claude-Louis. 1694
Traboüillet, Jerôme. 1701
Trudon, Nicolas. 1701

V

Valleyre Pere, G-Amable. 1698
Valleyre Fils, Gabriel. 1713
Vatel, Domin.-Louis. 1721
Villette Pere, Jean. 1686
Villette Fils, Jean. 1720
Vincent, Jacques. 1704
Witte, Pierre. 1700

VEUVES

Veuve d'Adam, Guil. 1658
— de Belley, Nicolas. 1687
de Bienfait, Pierre-Jacq. 1692
de Bobin, Jerôme. 1683
de Boudot, Jean. 1683
de Boüillerot, Jeremie. 1687
de Chardon, Sebaftien. 1711
de Charpentier, Jac.-Tho. 1690
de Chaftelain, Pierre. 1659
de Chenault, Denis. 1695
de Chrétien, Antoine, 1688
de Cloufier, Michel. 1694
de Cot, Jean. 1706
de Cottin, Philippe. 1663
de Couftelier, Urbain. 1683
de David, Chriftophe. 1687

de David, Michel. 1686
de de Bure, Nicolas. 1704
de de Courbes, Jacques. 1665
de de Hanfy, Claude. 1689
de la Caille, Jean. 1665
de la Ville, Daniel. 1666
de Delaulne, Pierre. 1683
de Delaulne, Florentin. 1686
de Delaulnay, Pierre, 1683
de Sanlecque, Jean. 1688
de Defprez, Guillaume. 1651
de Dezallier, Antoine. 1679
de Dubois, Jean-Fran. 1683
de Du Caftin, Robert. 1708
de Du Mefnil-Paulus,
　　Gilles. 1687

VEUVES

de Foucault , Hilaire.	1686	de Le Tilleur , Claude.	1701
de Fournil , Jean.	1703	de Mazieres , Raymond.	1702
de Garnier, Jean-Michel.	1718	de Mazuel , Claude.	1683
de Gaffe , Claude.	1689	de Mazuel , Nicolas.	1658
de Grou , Jacques.	1696	de Mergé , Pierre.	1706
de Guerin , Louis.	1683	de Michelin , Nicolas.	1653
de Guillaume , Charles.	1705	de Moette , Thomas.	1659
de Guilletat , Jean.	1700	de Moreau , Jean.	1598
de Horthemels , Daniel.	1686	de Papillon , Eftienne.	1711
de Huart , Gabriel.	1683	de Pepingué , André.	1688
de Huberfon . Philippe.	1697	de Piget , Jacques.	1711
de Jombert , Jean,	1686	de Pralard , François.	1691
de Jollet , Daniel.	1687	de Prignard , Claude.	1686
de Joffet , Elie.	1660	de Ribou , Pierre.	1697
de Jouvenel , Georges.	1694	de Robinot , Eftienne.	1695
de Laifné , Seraphin.	1683	de Rondet , Laurent.	1655
de Lambin , Antoine.	1664	de Roulland , Louis.	1687
de la Mefle, Gilles.	1699	de Saugrain , Guillaume.	1683
de Le Fevre , Jacques.	1686	de Soubret , Henry.	1689
de Le Gras , Nicolas.	1656	de Thierry , Denis.	1652
de Le Noble , Daniel.	1720	de Vaugon , Louis,	1663
de Le Roy , Barthelemy.	1708		

L O U I S   C O R D I E R , Clerc de la Communauté , ruë des Mathurins , au Bureau des Libraires & Imprimeurs,

Nota. *Pendant l'impreffion de cette Lifte , les Sieurs* G I L L E S L A M E S L E *Pere ,* & D A N I E L J O L L E T , *tous deux Imprimeurs , font decedez , & ont laiffé leurs Veuves.*

Imprimé pour la Communauté , par fon Syndic.